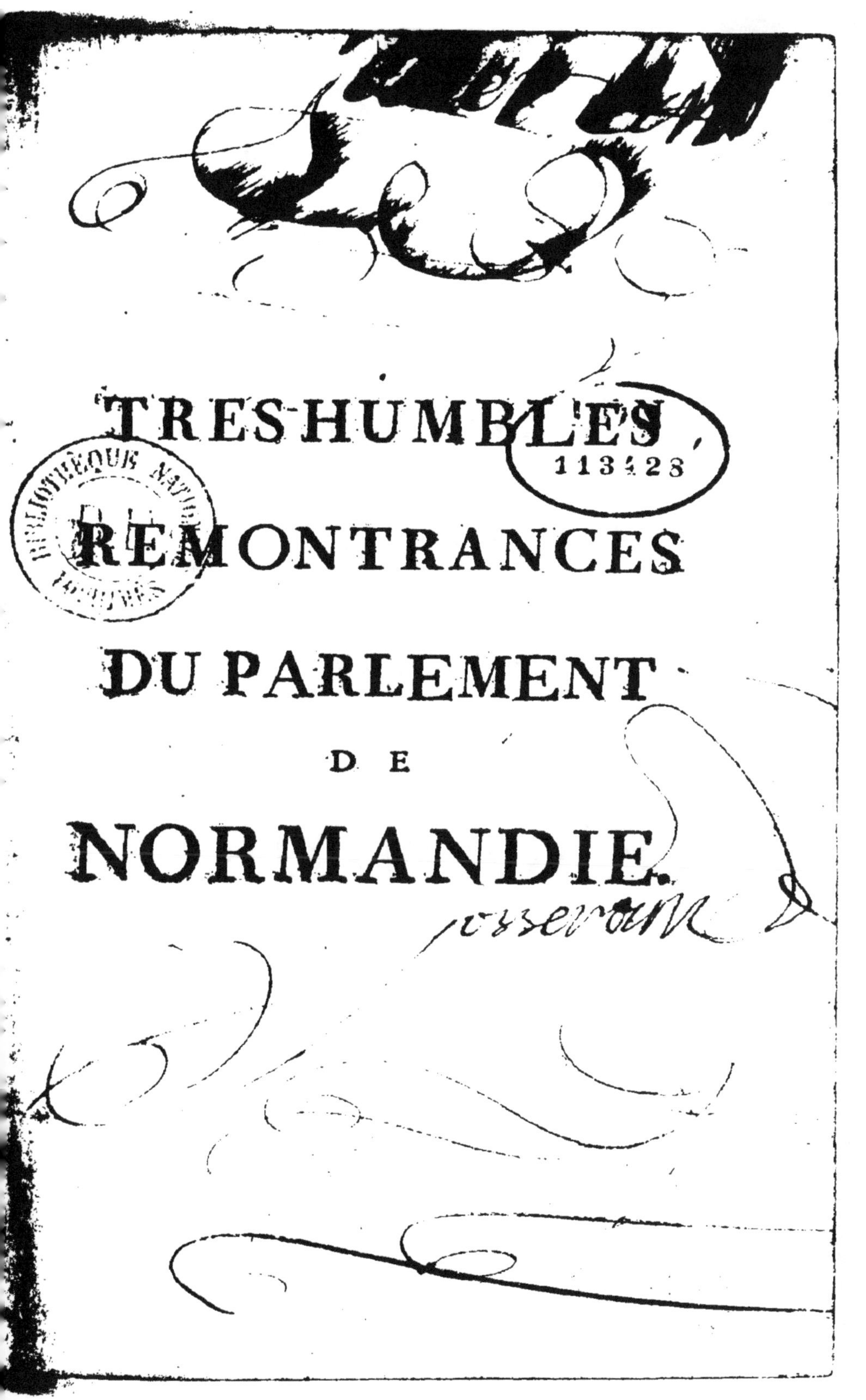

TRES-HUMBLES REMONTRANCES DU PARLEMENT DE NORMANDIE.

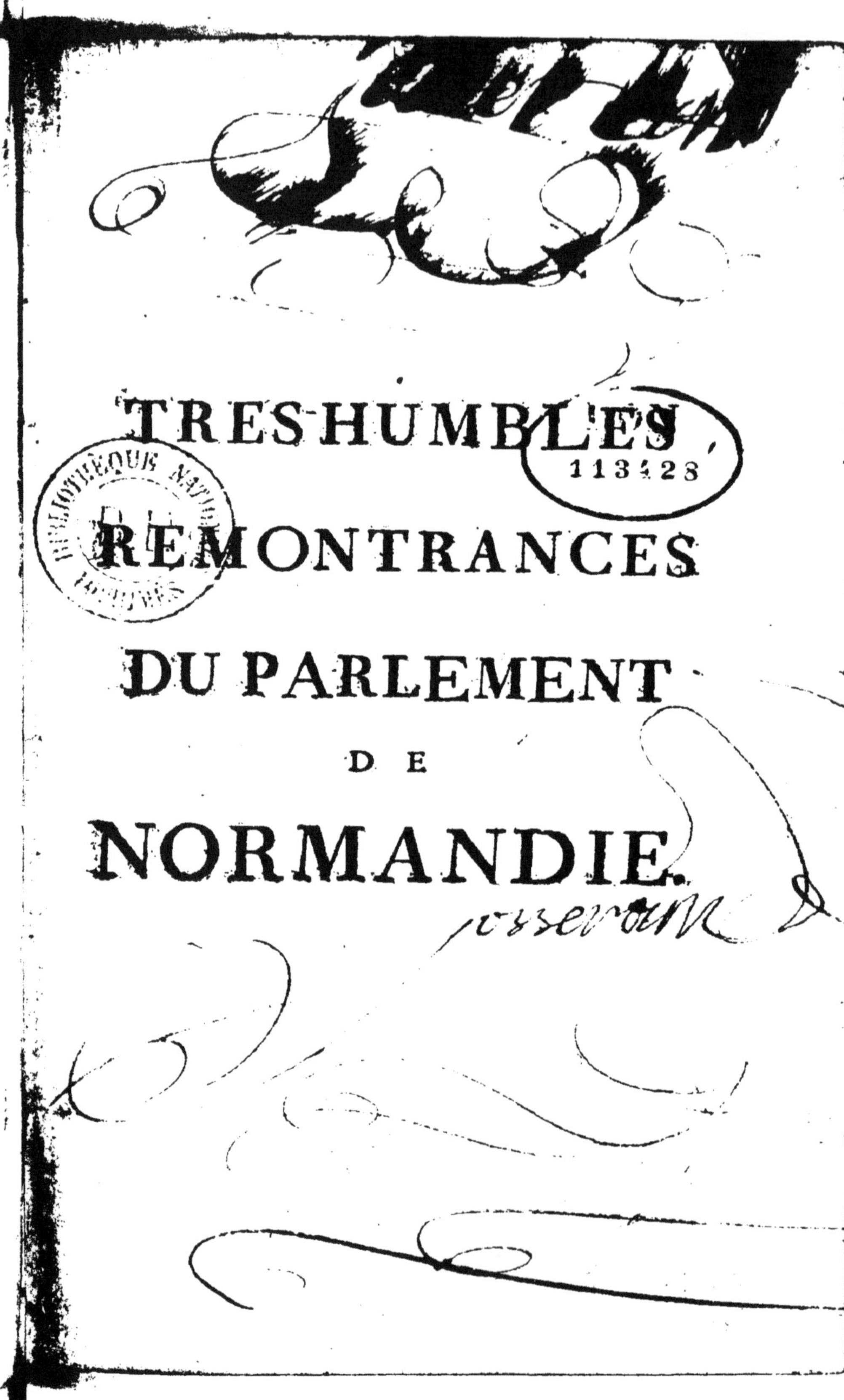

TRES-HUMBLES REMONTRANCES DU PARLEMENT DE NORMANDIE.

ARTICLES ARRESTÉS PAR Messieurs les Commissaires pour fixer les Objets des Remontrances.

Article Premier.

QUE le Parlement, informé du scandale arrivé dans la ville de Verneuil, par des refus publics de Sacremens à deux Prêtres malades, qui jusqu'alors avoient exercé leur Ministere avec édification, n'a pû se dispenser d'user de l'autorité qui lui est confiée, pour reprimer des Actes de Schisme par lesquels la Religion & l'Etat sont également attaqués : Que la simple exposition des Faits suffit pour convaincre le Seigneur Roi de la justice & de la nécessité des Arrêts rendus par son Parlement à ce sujet.

II. *Que le premier & le plus essentiel devoir du Parlement, est de s'opposer à tout ce qui porte atteinte aux Canons reçus & autorisés dans le Royaume, aux Libertés de l'Eglise Gallicane, à l'Indépendance de la Couronne, à la sûreté de la Personne dudit Seigneur Roi, & à la tranquillité de l'Etat : Que les refus arbitraires des Sacremens attaquent tous ces Objets si importans ; & tendent à établir en faveur des Ecclésiastiques une domination indépendante dans le sein de l'Etat.*

III. *Qu'en particulier les refus de Sacremens dont il s'agit aujourd'hui, fondés sur l'unique prétexte du défaut de soumission à la Bulle* Unigenitus, *fomentent dans le Royaume un Schisme proscrit dès son principe, par la suppression des Lettres* Pastoralis Officii ; *& ne peuvent se* *concilier avec les Modifications apposées à l'enregistrement de cette Bulle, avec l'indétermination des condamnations qu'elle renferme, avec le défaut d'objet fixe & certain dans l'acceptation de ce même Decret dont le Parlement s'est cru obligé de dire en* 1730 *audit Seigneur Roi,* » *Qu'il ne pouvoit le regarder que comme une* » *Décision de l'Eglise universelle, parce qu'il* » *attaque ouvertement ses Droits, sappe les fondemens du Trône & jette dans le cœur des Sujets des doutes pernicieux sur l'Indépendance* » *de la Couronne.* « (Voyez les Remontrances du Parlement de Rouen faites en 1730.)

IV. *Que les efforts des Ecclésiastiques pour arrêter l'activité des Magistrats, & les Ordres qu'ils surprennent au Souverain, sous le voile de la Religion, imposent au Parlement une plus étroite obligation de n'écouter que son zéle & sa fidelité; & en conséquence de représenter audit Seigneur Roi dans les termes les plus forts, que les moyens exposés dans les Requêtes des Agens du Clergé sont attentatoires à l'Autorité Royale; injurieux aux Tribunaux dépositaires de la Justice Souveraine, & renferment en quelque sorte un crime d'Etat, qu'il est de dangereux exemples de laisser impuni; que les Arrêts du Conseil des* 25 *Mai &* 13 *Juin, accordés à leur importunité, ne peuvent qu'affliger vivement les Sujets fideles à leur Roi, & sur-tout des Magistrats qui connoissent l'étendue de leur serment & de leur devoir; soit que l'on considere ces Arrêts dans leur contenu, soit qu'on les envisage dans leur forme, & dans la maniere dont on a essayé de les mettre à execution.*

V. *Que ces Arrêts dans leur contenu, vont à enlever à l'Autorité Royale le droit nécessaire, inaliénable, inhérent à la Couronne, d'inspection sur les fonctions publiques des Ministres de l'Eglise : Que les Evocations qu'ils renferment sont contraires au bien public, aux Loix de l'Etat, préjudiciables aux véritables intérêts du Souverain : Que les Ordonnances défendant aux Juges d'avoir égard aux Evocations particulieres, particulierement en matière criminelle ; elles leur permettent encore moins de déferer à des Evocations générales qui intéressent directement l'ordre public, la liberté des Citoyens & la possession de leurs droits les plus précieux : Que c'est sur-tout à la faveur de ces Evocations, aujourd'hui multipliées jusqu'à l'infini, que les Ecclésiastiques, qui aspirent à l'Indépendance, soutiennent leurs entreprises.*

VI. *Que dans la forme, ces Arrêts portent les marques les plus évidentes de la surprise : Qu'ils ne sont revêtus d'aucun de ces caracteres essentiels auxquels seuls le Parlement peut reconnoître la volonté du Souverain : Que la maniere inouie dont on a essayé de les faire executer, (par des significations irregulieres, par des défenses aux Officiers inférieurs de la Justice de mettre à execution les Arrêts du Parlement, par des Ordres violens de biffer & bâtonner ses Registres,) présente aux Peuples le spectacle si indécent d'un combat entre l'Autorité Royale ; entre l'Autorité du Roi surprise, & cette même Autorité dirigée par les Loix & exercée selon les Regles par les Tribunaux ordinaires.*

VII. *Que si le Parlement n'a pas employé les voyes qu'il étoit autorisé à prendre par les Ordonnances (dont l'intention dudit Seigneur Roi est de maintenir l'execution, suivant qu'il l'a fait encore nouvellement déclarer à son Parle-*

ment) : S'il s'est même porté à surseoir des Procédures des plus justes & des plus nécessaires ; ce n'a été que dans l'espérance de faire parvenir plus promptement & avec plus de succès audit Seigneur Roi des Remontrances dont tous les Objets sont d'une extrême importance pour le bien de son service.

VIII. *Que devant aux Tribunaux inférieurs, & aux Officiers qui les composent, une protection d'autant plus marquée, qu'ils remplissent plus exactement leur devoir, le Parlement ne peut se dispenser de réclamer hautement contre le traitement si peu merité, fait au Substitut du Procureur General au Siege de Verneuil, & contre la Cassation des Jugemens rendus en ce Siege; quoique la voie de Droit, établie par la Loi pour les attaquer, fût ouverte; & que ceux qui s'en sont plaints, pussent la prendre, s'ils n'eussent cherché que la Justice.*

IX. *Que le Parlement, toujours penetré du plus profond respect & de la soumission la plus entiere pour les Ordres dudit Seigneur Roi, a été aussi affligé que surpris de voir que la Lettre de Monsieur le Chancelier, qualifie d'acte de désobéissance l'Arrêté du vingt Juin; quoique cet Arrêté ne soit que l'execution litterale des Loix qui défendant aux Juges d'obtempérer aux Ordres surpris pour arrêter le cours de la Justice, leur font un devoir de paroître alors desobeissant, & exigent même sous le sceau du serment, leur respectueuse, mais ferme resistance comme le gage le plus certain de leur fidelité.*

TRES-HUMBLES

ET TRES-RESPECTUEUSES

REMONTRANCES

QUE PRÉSENTENT AU ROI NOTRE Très-Honoré & Souverain Seigneur les Gens tenant la Cour de PARLEMENT DE NORMANDIE.

SIRE,

VOTRE Parlement n'eut jamais des motifs plus pressans de réclamer la Justice de VOTRE MAJESTÉ ; jamais aussi il ne se présenta avec plus de confiance aux pieds du Trône. Le Schisme qui excite son zéle, menace également la Religion & l'Etat. Les Ecclésiastiques qui l'introduisent osent attaquer les droits les plus précieux de votre Couronne. Les actes d'autorité absolue qu'ils surprennent à votre religion, rendent les Loix impuissantes dans les mains des Magistrats chargés de les faire exécuter. Tels sont, SIRE, les importans objets des respectueuses

Remontrances que votre Parlement a l'honneur de présenter à Votre Majesté.

Il y a peu de tems que des Ordres particuliers qui interrompoient le cours de la Justice, nous obligerent de porter au Trône nos justes allarmes. Vous daignâtes approuver notre vigilance pour le maintien des Loix. Aujourd'hui ce sont les intérêts les plus essentiels de la Religion, de la Couronne, du bien public, qui anime votre Parlement. Pourroit-il ne se pas présenter à Votre Majesté avec la plus ferme assurance?

Votre Chancelier (1) lui a fait connoître que Votre Majesté instruite du projet de son Parlement, *ne désapprouvoit pas qu'il Vous fit des Remontrances sur les Objets qui regardent le bien de Votre Service & de l'Etat*. Nous osons dire qu'il n'en est point qui touche plus directement & plus essentiellement le bien de votre Service & de l'Etat, que la nécessité de réprimer le faux zéle des Ecclésiastiques, & les refus qu'ils font publiquement des Sacremens à des Citoyens, fidéles enfans de l'Eglise, attachés à sa Doctrine & soumis à ses Loix.

Votre Parlement, SIRE, informé du scandale arrivé dans la ville de Verneuil par des refus publics des derniers Sacremens à deux Prêtres malades, qui jusqu'alors avoient exercé leur ministere avec édification, n'a pû se dispenser d'user de l'autorité qui lui est confiée, pour punir les auteurs de ce scandale, & arrêter dans son principe un Schisme

(1) Lettre à Monsieur le Premier Président du 28 Juin 1753.

dont les progrès ne pourroient être que funestes à l'Eglise & à l'Etat.

La simple exposition des faits suffira pour convaincre Votre Majesté de la justice & de la nécessité des Arrêts qu'il a rendus à ce sujet.

Au mois d'Avril dernier, le sieur Fournier Prêtre habitué dans la Paroisse de la Madeleine de la ville de Verneuil, tomba dangereusement malade, & fit aussi-tôt demander les derniers Sacremens au sieur le Mercier Curé de cette Paroisse. Ses instances réitérées n'ayant pu vaincre l'opiniâtre & inflexible résistance du Curé, il lui fit faire le 30 deux Sommations consécutives qui n'eurent pas plus d'effet. Le Malade & sa famille eurent enfin recours à l'autorité publique : ils porterent leurs plaintes au Substitut du Procureur Général de Votre Majesté au Baillage de Verneuil, qui instruit de ses devoirs, & attentif à les remplir, déféra sur le champ ce scandale à la Justice. Le même jour il fut ordonné au Curé d'administrer le Malade ; mais la mort précipitée du sieur Fournier prévint la signification de la Sentence.

Cet événement, SIRE, ne parvint à la connoissance de votre Parlement que le 17 Mai ; & à l'instant frappé du danger de laisser introduire dans la Province un Schisme qui cause déja tant de troubles en différentes parties du Royaume, il crut devoir décréter le Curé d'ajournement personnel, & ordonner une information, non pour reconnoître le délit, qui étoit déja prouvé par des Piéces Judiciaires, mais pour découvrir par les circonstances des faits, jusqu'à quel point ce Curé étoit coupable.

Cette févérité néceſſaire ne fut pas néanmoins ſuffiſante pour arrêter le ſcandale dans la Paroiſſe de la Madeleine de Verneuil. Le ſix du mois de Juin le ſieur Delaunay Prêtre ayant éprouvé un ſemblable refus de la part du nommé Lanceſſeur Vicaire, il ſuivit la route déja tracée par le ſieur Fournier, & à ſon exemple il dénonça ce refus au Subſtitut du Procureur Général, qui ſur ſa plainte obtint le même jour, une Sentence par laquelle il fut enjoint au Vicaire d'adminiſtrer le Malade. La Sentence ordonna en même-tems qu'en cas de refus, la même injonction ſeroit faite ſucceſſivement à tous les Prêtres de la Paroiſſe, & à leur défaut, au Curé de celle de Notre-Dame. Le Vicaire n'obéit point, & le Malade lui fit le neuf une ſeconde Sommation qui n'eut pas plus de ſuccès que la premiere.

Dès que votre Parlement fut inſtruit de ce nouvel acte de Schiſme, & qu'il ſe fut aſſuré du délit & de ſes circonſtances par la Procédure qui formoit une preuve ſuffiſante contre le Vicaire, il le décréta de priſe-de-corps le 20 Juin, & par un Arrêt du même jour, il ordonna que le ſieur Evêque d'Evreux ſeroit invité de faire ceſſer le ſcandale & de pourvoir à l'adminiſtration du Malade.

Mais toujours de plus en plus pénétré de la preſſante & indiſpenſable néceſſité d'oppoſer un prompt remède au mal naiſſant, il fit encore le même jour un Réglement général pour défendre à tous les Eccléſiaſtiques du Reſſort de rien innover dans l'adminiſtration extérieure des Sacremens, ni de faire des actes tendans au Schiſme; à peine d'être pourſuivis comme perturbateurs du repos public, & punis suivant la rigueur des Ordonnances.

Votre Parlement, SIRE, devoit-il s'attendre qu'on pût rendre suspectes aux yeux de Votre Majesté des démarches si régulieres, dictées par l'amour du bien public, destinées à prévenir des désordres d'autant plus effrayants, que le faux zèle de la Religion en est le prétexte?

Le refus arbitraire des Sacremens est un délit qu'il seroit de la plus dangereuse conséquence de soustraire à la vigilance des Magistrats.

Les Ecclésiastiques sont redevables aux Peuples des Sacremens, dont ils sont les Ministres & non les maîtres. Lorsqu'ils les conférent aux Fidéles qui les demandent, ce n'est point une grace qu'ils accordent, c'est un devoir qu'ils remplissent. De-là les dispositions de tant de Conciles & des Ordonnances du Royaume, qui obligent les Curés à une exacte résistance, afin d'assurer à leurs Paroissiens les secours spirituels & sur-tout les derniers Sacremens aux Malades. De-là les peines rigoureuses prononcées contre ceux qui par négligence, plus encore par caprice, vengeance, ou esprit de véxation, laisseroient mourir sans Sacremens les Fidéles confiés à leurs soins. De-là les défenses si souvent réitérées de rétrancher qui que ce soit de la Communion sans une cause juste, c'est-à-dire, sans un crime grave, & une conviction légitime. (1)

(1) Episcopis interdicimus ne quem à Sacramentis Ecclesiæ & communione segre-

Les refus publics des Sacremens son une espéce d'excommunication d'autant plus redoutable, qu'en privant ceux qui en font l'objet, des secours les plus nécessaires & les plus précieux, elle lés deshonnore aux yeux des peuples. Les Ecclésiastiques qui les dénient sans cause, ne sont pas seulement injustes envers les Fidéles qu'ils privenr des biens auxquels ils ont droit, & désobéissans à l'Eglise, dont ils méprisent les régles ; ils sont encore coupables envers l'Etat, dont ils enfraignent les Loix. La diffamation des Sujets de Votre Majesté, le scandale public, le trouble de la Société, suites nécessaires de leur prévarication, en font un délit que les Dépositaires de votre Autorité sont seuls en état & en droit de poursuivre & de punir.

Combien le scandale est-il plus considérable, le trouble plus effrayant, lorsque ce n'est point sur des motifs personnels que quelques Ministres de l'Eglise refusent les Sacremens à des particuliers ; lorsque ces refus paroissent être le fruit d'un projet formé ; lorsque fondés sur un prétexte qui s'étend à une multitude de personnes, ils diffament des Ecclésiastiques & des Fidéles de tout état & de toute condition, & les mettent au rang des ennemis de l'Eglise ; lorsqu'ils opérent un Schisme dont les suites si funestes à la Religion, ne sont pas moins propres à ébranler les fondemens de la Société politique ? Seroit-il permis à des Magistrats de les envisager avec indifférence ? Connoîtroient-ils leurs obliga-

gent, nisi justa causa probata sit. *Cod. leg. de Episc. & Cleric. Nov. 123. Just. Cap. II.*

tions ?

tions ? Seroient-ils fidéles à leur Serment, s'ils ne travailloient de toutes leurs forces à étouffer, par la juste sévérité des Loix, les premieres étincelles d'un feu prêt à causer un incendie général ?

Nous reconnoissons, SIRE, dans les Pasteurs l'Autorité qu'ils ont reçue d'éloigner des Saints Mysteres, de séparer de la Communion les pécheurs qui le méritent. Nous sçavons que les Princes, défenseurs de l'Eglise, doivent protéger ses Ministres, qui infligent cette peine suivant les régles & dans les cas prescrits par les Canons. Mais si la Puissance Séculiere est obligée d'appuyer les jugemens qu'ils prononcent, lorsqu'ils sont justes, sages & réguliers ; elle doit aussi protéger les Fidéles contre l'abus du Saint Ministere. Ces deux devoirs ne sont point contraires, ou plutôt ils partent du même principe, & sont également indispensables.

Pourquoi les Ecclésiastiques, si attentifs à recommander le premier de ces deux devoirs, à en solliciter l'exécution, ne rendent-ils pas au second le même hommage que les Magistrats se font gloire de rendre également à l'un & à l'autre? Dès le tems de S. Louis, on a vu des Evêques entreprendre d'imposer au Prince une obligation de conscience de faire exécuter leurs Censures, sans pouvoir en examiner les motifs ; & de contraindre ses Sujets par des peines pécuniaires à s'en faire absoudre : mais ce Saint Roi, dont le sang coule dans les veines de Votre Majesté, ce grand modele des Princes, eut pensé agir *contre Dieu & raison*, en imposant cette Loi à ceux de ses Sujets, *à qui les Clercs faisoient tort*, *&*

ſans qu'ils euſſent été ouis en leur bon droit.

La prétention de ces Evêques ne fut point particuliere à leur ſiécle. Toujours ſoutenue d'âge en âge, elle a paſſé juſqu'à nous, & elle ſe renouveile aujourd'hui avec plus de danger que jamais. Pourrions-nous donc montrer moins d'attention & de zèle que nos Prédéceſſeurs pour la combattre ?

Dans quel état, SIRE, ſeroit votre Royaume & Votre Majeſté même, ſi, dans les tems où les Magiſtrats ont eu tant d'efforts à faire pour maintenir l'indépendance de votre Couronne, les Eccléſiaſtiques, qui vouloient la ſoumettre au pouvoir des Clés, euſſent pû refuſer les Sacremens aux Fidéles défenſeurs du Trône, ſans que les Dépoſitaires de Votre Autorité fuſſent en état de ſonder le motif criminel de ces refus abuſifs ?

Si la Puiſſance Souveraine ſe fût interdite le droit inaliénable d'inſpection ſur les refus publics des Sacremens, lorſque les Eccléſiaſtiques, jaloux de ſe rendre indépendans, cherchoient dans leur miniſtere, un titre ou pour ſe ſouſtraire à la Juſtice Royale, ou pour uſurper la Juriſdiction Civile ?

Si dans tant d'époques différentes, où l'Hiſtoire nous montre les principes immuables de nos Libertés attaqués & méconnus, on eût ſouffert que les Eccléſiaſtiques qui les combattoient, euſſent privé des Sacremens ceux qui en prenoient la défenſe contre leurs entrepriſes ?

De quels maux ne ſerions-nous pas encore menacés, ſi une erreur auſſi dangereuſe pouvoit prévaloir dans le Royaume ?

De nos jours on a vû des Curés ſe ſervir

des refus de Sacremens pour se faire payer des droits qui ne leur étoient pas dûs. On a vû un Prélat prononcer la même peine à quiconque ne respecteroit pas assez ce qu'il appelloit l'immunité des Biens Ecclésiastiques (1).

A quels objets ne seroit-il pas facile d'appliquer cette espéce d'Excommunication, si l'on pouvoit persuader au Souverain que la Religion lui en interdit la connoissance ? Soustraire à la vigilance de l'Autorité publique, elle deviendroit bien-tôt, pour certains Ecclésiastiques, un moyen général d'entreprendre tout ce qu'ils jugeroient à propos : elle seroit dans leur main l'instrument d'une domination indépendante dans le sein de l'Etat, d'une véxation odieuse & sans bornes : peut-être s'en serviroient-ils contre le Souverain lui-même.

Si ces principes dangereux étoient une fois admis ou tolérés, rien n'empêcheroit d'en porter les conséquences aussi loin qu'elles pourroient aller. Et comment se dissimuler qu'ils tendent à ménacer l'indépendance de la Couronne, la sûreté du Trône & la tranquillité de l'Etat ?

C'est un principe immuable, que la Puissance Temporelle, absolument indépendante & Souveraine, trouve en elle-même tout ce qui lui est nécessaire pour se conserver & se défendre ; qu'elle n'a besoin d'un secours étranger pour repousser les coups qu'on s'ef-

(1) Le Sieur.... Curé de... Roy-Bossy.... Lettre de M. Languet Arch. de Sens à M. l'Evêq. d'Aux. dattée du Samedi-Saint 1750.

forceroit de lui porter ; que ses propres forces lui suffisent pour maintenir l'ordre public & protéger les Sujets contre toute vexation, de quelque main qu'elle parte. La Religion, loin d'ébranler ces vérités, les consacre.

Cette maxime certaine & invariable sert de premier fondement au droit incontestable, qu'à Votre Majesté, & qu'ont par conséquent vos Juges, de réprimer les refus arbitraires des Sacremens : & tous les devoirs de vos Parlemens se réunissent pour leur assurer cette compétence.

Ils sont chargés de rendre la Justice à vos Sujets ; & cette fonction, toute importante qu'elle est, n'est ni la seule, ni la premiere de celles qui leur sont confiées. Leur plus essentielle obligation, est de s'opposer à tout ce qui porte atteinte aux Canons reçus & autorisés dans le Royaume, aux Libertés de l'Eglise Gallicane, aux droits & à l'indépendance de la Couronne, à la sûreté de Votre Personne Sacrée, à la tranquillité de l'Etat.

Vos Parlemens, dépositaires des Maximes fondamentales du Royaume, sont responsables à Votre Majesté de ce Dépôt Sacré. Ministres de Votre Justice Souveraine, ils en doivent soutenir le Caractére & l'Autorité, & faire respecter les Loix. Il n'est rien qui intéresse la Police générale, qui ne soit un objet nécessaire de leur vigilance. Ils ne peuvent se dispenser de réprimer tout ce qui trouble la paix, tout ce qui altére la liberté légitime des Citoyens, tout ce qui tend à blesser les Droits inaliénables de la Souveraineté.

Or tous ces devoirs concourent également à leur imposer la nécessité de prendre connoissance des refus publics des Sacremens.

Ces refus, lorsqu'ils son arbitraires ou injustes, dépouillent, par voie de fait, les Citoyens de la possession des biens spirituels auxquels ils ont droit par leur qualité d'Enfans de l'Eglise : Possession toujours temporelle, quelle que soit la nature & l'excellence de ces biens : & par cela seul, ces refus seroient déja du ressort de la Puissance Séculiere, ainsi que le reconnoissoient Jean Juvénal des Ursins dans les Remontrances au Roi Charles VII, & les Ambassadeurs de Charles IX. au Concile de Trente.

En effet, ces refus publics, arbitraires ou injustes, sont également contraires aux Saints Canons de l'Eglise & aux Ordonnances du Royaume. Vos Parlemens les doivent donc réprimer, tant comme Protecteurs des SS. Canons sous Votre Autorité, que comme chargés de l'exécution des Loix.

Ces refus intéressent au premier chef le repos & la tranquilité publique : ils tendent aux divisions les plus funestes ; souvent ils donnent naissance à des émotions seditieuses ; & l'on n'en a vû que trop d'exemples dans ces derniers siécles, où les ennemis de nos Maximes & de la Puissance Séculiere, n'ont point eu d'armes plus puissantes pour soulever les esprits des peuples.

Que de motifs pour rendre les Magistrats attentifs à ces refus, à leurs causes, à leurs effets.

Instruit de tous ces devoirs, votre Parlement, SIRE, auroit-il pû ne pas sévir contre le Curé & le Vicaire de la Madeleine de Verneuil, dont la conduite, à l'égard de deux Prêtres dangereusement malades, portoit manifestement les caracteres de la vexation la plus repréhensible ?

Les deux Ecclésiastiques auxquels ils ont refusé les derniers Sacremens, étoient en possession de leur état, s'acquittoient en santé des fonctions de leur ministere ; il n'étoit intervenu contre eux aucune Sentence d'interdiction, de suspense, moins encore d'excommunication. La peine de la privation des Sacremens est sans doute plus grande pour un Prêtre, que la déposition. On sçait que dans l'antiquité les crimes pour lesquels les Fidéles étoient publiquement séparés de la Communion, faisoient réduire les Prêtres à la Communion laique. Un Prêtre qu'on interdit des fonctions de l'Ordre, conserve encore, dans la Discipline présente, le droit de s'approcher des Sacremens. Par quel étrange renversement des Regles, le Curé & le Vicaire de la Madeleine de Verneuil ont-ils donc osé refuser les Sacremens à deux Prêtres qui avoient le droit d'offrir les Saints Mysteres, qui les célébroient publiquement avant leur maladie, & à qui il n'eut été ni permis, ni possible d'interdire cette auguste fonction ?

Votre Parlement, SIRE, n'ignore pas le prétexte de ce procédé schismatique. En exigeant des deux Prêtres une Profession de foi sur la Bulle UNIGENITUS, le Curé & le Vicaire ont fondé sur le défaut de soumission à ce Décret le refus des Sacremens, qu'ils ont fait souffrir à ces Ecclésiastiques, (ce qui est l'effet extérieur le plus terrible de l'excommunication.) Vain prétexte, qui loin de les rendre excusables, n'a dû servir qu'à aggraver leur faute aux yeux des Magistrats. Si c'est un crime de refuser les Sacremens sans cause, c'en est un encore plus punissable de les refuser sur un motif injuste.

Il n'est permis d'infliger une peine aussi grave que la privation des Sacremens à la mort, que dans les cas marqués par les Canons, pour les crimes qu'ils ont déclarés les mériter, & lorsque l'Eglise autorise ses Ministres à l'employer. Quel est donc le Canon, le Statut, le Réglement ayant force de loi dans le Royaume qui permette aux Curés d'exiger la soumission à la Bulle comme une condition préalable aux Sacremens ? Ou plutôt, quelle loi plus précise contre cette exécution intolérable de la Bulle, que la multitude d'Arrêts de votre Justice Souveraine, qui ont reprimé tant d'actes de Schisme, supprimé tant d'Ecrits qui les autorisoient; que ces défenses si souvent réitérées par Votre Majesté elle-même, de donner à ce Décret la qualification de Régle de foi, & de se provoquer à ce sujet par les termes injurieux de Novateurs, Hérétiques, Schismatiques ?

Nous pouvons nous rendre à nous-mêmes cette justice aux yeux de Votre Majesté, jamais nous n'avons toléré dans la Province ce qui pouvoit y exciter le Schisme. Il seroit aisé d'en convaincre Votre Majesté par le détail de nos Arrêts; monumens authentiques de notre zéle toujours uniforme pour la tranquillité publique. Qu'il nous soit permis de rappeller seulement celui du 13 Octobre 1728, rendu contre un Mandement de l'Archevêque de Rouen (1) : Arrêt contre lequel cet Archevêque porta d'inutiles plaintes à Votre Majesté, & qui, malgré ses instances réitérées, mérita votre approbation, dès que Votre Majesté eut pris connoissance des motifs qui l'avoient fait rendre.

Nous représentâmes alors à Votre Majesté, que ce Mandement *allarmoit les consciences*, levoit l'étendart du Schisme, *en séparant de la Communion de l'Eglise ceux qui ne reconnoissoient point sa voix dans la Constitution ;* que par l'Excommunication qu'il prononçoit contre *une partie du Diocèse & contre votre Parlement, qui, avec tous les autres du Royaume*, avoit *decidé que* cette *Constitution n'étoit point le jugement irréformable de l'Eglise Catholique ;* il tendoit à jetter le trouble dans le Royaume, *parce que la paix dans la Religion étant le fondement de la tranquillité dans l'Etat, la division dans l'une, jettoit, par une suite inévitable, le désordre & la confusion dans l'autre ;* enfin que le Mandement étoit conforme aux Lettres *Pastoralis Officii*, & que, *supprimer ces Lettres*, sans flétrir le Mandement, *c'eût été approuver & condamner en même-tems, s'opposer au Schisme & le favoriser.*

Ces motifs, SIRE, sont précisément ceux de nos Arrêts des 17 Mai, 6 & 20 Juin dernier. Ce qui parut en 1718. à Votre Majesté l'ouvrage de la sagesse & de l'amour du bon ordre, pourroit-il aujourd'hui mériter des reproches ? Pourroit-il être taxé d'entreprise sur l'Autorité Spirituelle ? Est-il quelque différence entre empêcher qu'on n'annonce

(1) M. d'Aubigné.

le Schisme par un Mandement public, & empêcher qu'on ne le consomme par des refus de Sacremens ? Le désordre que nous appréhendions de la publication du Mandement, dépendoit de son exécution : l'exécution qu'on lui donne par le refus de Sacremens, introduit donc précisément ce désordre, dont la seule crainte arma si justement notre zéle. Des refus de Sacremens sont une exécution plus formelle des Lettres *Pastoralis Officii*, qu'un simple Mandement de séparation. Et puisque ce seroit un crime de citer ces Lettres, de leur donner quelque autorité ; quel attentat n'est-ce pas de les mettre en pratique, d'y déférer par le fait ?

Oui, SIRE, le refus public des Sacremens, fondé sur l'unique prétexte du défaut de soumission à la Bulle, fomente un Schisme proscrit dans son principe, par la suppression des Lettres *Pastoralis Officii*, qui a été faite par tous vos Parlemens, & sur les Ordres mêmes de Votre Majesté. Mais ces refus ne peuvent pas plus se concilier avec l'indétermination des condamnations que la Bulle renferme, avec le défaut d'objet fixe & certain dans l'acceptation de ce Décret, avec les Modifications apposées à son enrégistrement.

C'est par sa nature même, que la Bulle n'est pas susceptible du caractere que veulent lui donner les faveurs du Schisme. Il est inoui qu'on ait proposé comme objet d'une soumission nécessaire, un Décret indéterminé & en lui-même, & dans son acceptation. Comme c'est le propre de toute Loi d'être claire, parce qu'elle doit être entendue de ceux à qui elle doit servir de régle ; il est essentiel à tout Jugement Dogmatique de renfermer une Décision certaine & précise (1).

S'il y a eu quelque concert dans le Jugement que les Evêques du Royaume ont porté de la Bulle, c'est pour reconnoître cette indétermination. Lorsque le feu Roi, l'Auguste Bizayeul de Votre Majesté, la leur envoya pour l'examiner, *ils prirent des routes différentes* (2). Quelques-uns furent d'avis qu'il falloit, avant tout, que le Pape expliquât son Décret. D'autres prirent le parti de l'interprêter eux-mêmes, & ils se partagerent dans la maniere de le faire. Plusieurs refuserent de l'accepter : d'autres le reçurent tel qu'il étoit, & sans vouloir l'expliquer.

Des sentimens si opposés ne pouvoient pas manquer d'exciter une division éclatante. Votre Majesté *sensible aux troubles interieurs dont le Clergé étoit agité au sujet de cette Bulle* (3) crut devoir en 1717 imposer un silence général ; & *par cette espece de trève, préparer les voies à une véritable paix*. En 1720, on se flatta de cette heureuse réunion, *par les Explications dressées dans un esprit de concorde & de charité* (4). Mais combien cet Accommo-

(1) Dum igitur quæstio est de Bullis Dogmaticis, illæ duntaxat verè Dogmaticæ dicendæ sunt, quibus certum & determinatum Dogma ut credendum vel ut rejiciendum fidelibus proponitur. *Vanesp. de promulg. Leg. Eccles. Part.* 5. *Cap.* 1. §. 1.

(2) *Declaration du* 7. *Octob.* 1717.

(3) *Ibid.*

(4) *Declaration du* 4 *Août* 1720.

dement, dans lequel plusieurs Evêques refuſérent d'entrer, qui n'eut jamais l'approbation ni du Pape, ni des Egliſes Etrangeres, que plusieurs même des Evêques de France qui y avoient concouru, abandonnerent preſqu'auſſi-tôt ; a-t'il été éloigné de terminer les diviſions, de fixer les eſprits, & de réparer le vice que la Bulle portoit en elle-même par ſon indétermination ?

Depuis 1714 juſqu'en 1720, preſque tous les Evêques du Royaume ſe ſont donc réunis pour décider que la Bulle, ne pouvant être acceptée ſans explications, n'étoit pas de nature à devenir obligatoire, tant que ſon indétermination ſubſiſteroit. Si, pour parvenir à faire diſparoître ce défaut, obſtacle inſurmontable à ſon exécution, ils ont dreſſé différens projets d'explications, ces projets n'ont pû mériter une approbation générale, ils ſont même abandonnés ; & l'acceptation qu'on exige aujourd'hui, eſt ordinairement indépendante de toute explication. La Bulle Unigenitus a donc encore toute ſon indétermination naturelle. Dès-là, quel genre de ſoumiſſion pourroit-il lui être dû ? Seroit-ce une ſoumiſſion pure & ſimple ? Loin d'être néceſſaire, elle n'eſt pas même légitime, puiſqu'elle détruiroit les Modifications de vos Parlemens. Seroit-ce une ſoumiſſion rélative à des Explications ? Mais aucune de ces Explications n'a été autoriſée par l'Egliſe, & même actuellement, il n'en eſt plus queſtion.

Il eſt, SIRE, un dernier motif plus relatif encore à l'Etat & aux fonctions des Magiſtrats, qui ne nous permettra jamais de ſouffrir l'exécution que les partiſans ſchiſmatiques de la Bulle veulent donner à ce Décret. Il est tiré des Modifications que tous vos Parlemens ont apposées à l'Enrégistrement de la Bulle, & que Votre Majesté a solemnellement confirmées dans sa Déclaration du 4 Octobre 1720, & rapellées même par celle de 1730.

Le but de ces précautions si nécessaires ne fut pas uniquement de prévenir le danger de quelques clauses insolites, contraires à nos Maximes & aux Libertés de l'Eglise de France; mais accidentelle, pour ainsi dire, & étrangeres au fond du Décret. C'est le jugement même porté par la Bulle : c'est sa Censure que vos Parlemens ont eu dessein de restraindre & de limiter, *en modifiant par un heureux concert ce qui dans ses condamnations pouvoit tendre à altérer la fidélité des peuples envers leur Souverain : ils ont donné des bornes à l'endroit de la Bulle qui regarde la matiere de l'Excommunication* (1). Ils ont vû nos Libertés établies dans la XCI Proposition; & parce que sa Censure *autorisoit & faisoit un Dogme de la Proposition contraire, ils ont condamné cette Censure par leurs Modifications* (2). Modifications *si precises, qu'elles sont moins des Modifications, que l'assertion absolue de la Proposition condamnée* (3).

De-là, par une conséquence nécessaire, vos Parlemens se sont constamment opposés à ce que la Bulle fût honorée du titre impo-

(1) *Arrêt du Parl. d'Aix du* 15 *Juin* 1716.

(2) *Arrêt du Parl. de Toulouse du* 3 *Decembre* 1718.

(3) *Remontrances du Parlement de Paris du* 15 *Avril* 1752.

sant

sant de Jugement Dogmatique de l'Eglise universelle. *Le Dogme de Foi n'étant pas susceptible d'être modifié ; donner à la Bulle les qualifications ou les effets de la Regle de Foi, ce seroit détruire les Modifications qui y sont apposées* (1). On ne pourroit *la declarer Jugement Dogmatique de l'Eglise, sans juger par-là qu'elle n'a pu être restreinte, ni modifiée* (2). La nature des Modifications ne permet pas *de la regarder comme une Loi établie, acceptée & reconnue pour telle :* parce que ces Modifications *deviendroient inutiles, si la Bulle devoit avoir le caractere de Jugement Dogmatique de l'Eglise Universelle* (3).

La moindre attention, SIRE, suffit pour sentir la force & la justesse de cette conséquence. Un Décret de l'Eglise est un monument de vérité, un titre destiné à constater la Doctrine, & à en perpétuer le dépôt. Toujours assistée de l'Esprit de Vérité dans les jugemens qu'elle prononce, ou qu'elle approuve, l'Eglise ne peut ni censurer la Vérité, ni confirmer l'erreur. Il est impossible qu'un Jugement qu'elle présente comme son ouvrage, proscrive des Propositions non-seulement certaines, mais qui n'énoncent qu'un Dogme précieux à la Religion, des maximes nécessaires pour le salut de l'Etat & la sûreté du Trône, telles que celles qui établissent la Souveraineté de nos Rois.

(1) *Remontrances du Parlement de Paris du 15 Avril* 1752.

(2) *Arrêt du Parl. de Toulouse du* 20 *Fev.* 1719.

(3) *Arrêt du Parlement de Bordeaux du* 18 *Novembre* 1718.

Votre Parlement de Normandie, SIRE, pénétré de ces principes, disoit en 1730. dans ses très-humbles Remontrances à Votre Majesté, que *la doctrine de la Bulle s'alliant aisément avec celle de la Légende de Gregoire VII*, ou plutôt *étant la même*, il n'y avoit aucun *fidéle Sujet qui ne dût être justement allarmé* que la Bulle fût *adoptée pour une Loi de l'Eglise Universelle* : Que les titres *de Regle de foi*, *de Jugement Dogmatique de l'Eglise*, appliqués à ce Décret, étoient *autant de tentatives criminelles avancées pour faciliter à la Cour de Rome un pouvoir arbitraire & souverain, dont celui de Votre Majesté fût dependant* : Qu'on ne pouvoit *regarder comme une Decision de l'Eglise Universelle, une Constitution qui attaque si ouvertement vos Droits, sappe les fondemens de Votre Trône, jette dans le cœur de vos Sujets des doutes pernicieux sur l'independance de la Couronne* : Que *si la Bulle pouvoit jamais acquerir ce titre, les Modifications deviendroient de foibles digues pour arrêter le torrent des entreprises de Rome* : Qu'on ne manqueroit pas *de soutenir un jour qu'une Puissance Temporelle & Seculiere modifieroit en vain une Loi de l'Eglise Universelle.*

Serions-nous moins frappés, SIRE, du danger de laisser exécuter la Bulle comme loi Dogmatique de l'Eglise universelle, dans un tems où tout doit augmenter nos inquiétudes; dans un tems où nous voyons qu'on devient indifférent sur les Maximes & les Libertés du Royaume, à proportion qu'on est partisan plus zélé de ce Décret; dans un tems où la Cour de Rome, si éloignée de rétracter la Légende de Grégoire VII, travaille à la

Canonisation du Cardinal Bellarmin, ennemi déclaré de l'indépendance de votre Couronne, & dont les Ouvrages, flétris dans le Royaume dès qu'ils parurent, mettent en péril la Personne même des Rois; dans un tems enfin, où, sans se contenter d'accréditer la Bulle dans le Royaume, on veut lui sacrifier l'unité de l'Eglise & la tranquillité de l'Etat.

Votre Parlement, SIRE, voit avec douleur que le défaut d'acceptation de la Bulle UNIGENITUS devient un prétexte pour refuser les Sacremens.

Il voit les maux que cause à l'Etat & à l'Eglise l'exclusion des Bénéfices & des places Ecclésiastiques, qui n'est fondée que sur les mêmes motifs. Fidéle à ses devoirs, il se croit obligé de vous représenter les fâcheuses conséquences de cet abus.

La Normandie est de toutes vos Provinces, SIRE, celle où le droit de Patronage laïque a le plus d'étendue. Si le défaut d'acceptation de la Bulle étoit une raison légitime d'exclure des Bénéfices, ces refus mettroient les Patrons dans l'incertitude, & les forceroient peut-être à préférer des Sujets auxquels ils n'auroient jamais pensé dans un tems de liberté.

C'est cependant, SIRE, (& pouvons-nous dissimuler à Votre Majesté une vérité qu'elle a tant d'intérêt de connoître?) c'est par la rérécompense en faveur des uns, (1) & par

(1) Le Sieur Lancesseur a été nommé par l'Evêque d'Evreux à une Cure de la Ville de de Verneuil,

l'exclusion des Bénéfices, & même des saints Ordres que l'on fait éprouver aux autres, qu'on est enfin parvenu à procurer à la Bulle ce prodigieux crédit, qui impose, & qui même a pû surprendre la religion de Votre Majesté.

Nous ne nous étendrons pas, SIRE, sur les différens genres d'excès qui ont été exercés à cet égard, par l'abus que l'on a fait de votre Autorité.

Les efforts des Ecclésiastiques pour arrêter notre activité, & les ordres mêmes qu'ils surprennent à Votre Majesté, sous le voile de la Religion, nous imposent une obligation plus étroite encore de n'écouter que notre zéle & notre fidélité dans une circonstance, où il ne s'agit pas moins que de la Religion, de l'intérêt de votre Majesté & de la tranquillité publique.

Il est sans doute affligeant pour nous que lorsque, tout occupé du bien de votre Service, nous nous acquittons des plus importantes & des plus nécessaires de nos fonctions, nous recevions des Arrêts flétrissans sous le nom de votre Conseil; Arrêts qui tendroient à diminuer dans l'esprit des peuples le respect qu'ils doivent à l'Autorité que nous exerçons en votre Nom; Arrêts qui destinés à nous reduire, s'il étoit possible, à l'inaction, autoriseroient le Schisme par l'impunité dont ils flattent ses fauteurs; Arrêts même, (pardonnez, SIRE, cette expression à notre douleur), qui iroient à dégrader le Trône, en sacrifiant aux prétentions injustes du Clergé, un des premiers, des plus précieux & des plus essentiels Droits de la Souveraineté.

A peine votre Parlement eut-il, le 17 Mai, décrété d'Ajournement Personnel le Curé de la Madeleine de Verneuil, comme prévenu du même délit, pour lequel Votre Majesté Elle-même a jugé un Curé (1) de sa Capitale indigne de sa place ; qu'aussi-tôt les Agens du Clergé ont sollicité, sur le motif du défaut de compétence de la Puissance temporelle, un Arrêt de votre Conseil, qui annulle celui de votre Parlement, ordonne au Curé de reprendre ses fonctions, casse la Sentence du Baillage de Verneuil du 30 Avril précédent, fait défenses à ce Baillage d'en rendre de pareilles à l'avenir, & évoque les plaintes, dénonciations & procédures faites contre le Curé.

Les Agens du Clergé ont eu la témérité de faire signifier par un Huissier au Procureur Général de Votre Majesté cet Arrêt rendu sur leur simple Requête : entreprise inouie qui tend à transformer leurs Juges naturels en Parties. Si par un ménagement peut-être excessif, votre Parlement a dissimulé cette injure, s'il s'est abstenu pour cette fois de procéder & contre l'Huissier, & contre les Agens du Clergé ; il n'en est que plus en droit d'attendre de la justice de Votre Majesté qu'Elle punira Elle-même cette démarche indécente.

Mais fermant en quelque sorte les yeux sur l'insulte qui lui étoit faite, votre Parlement auroit-il pû, contre la teneur des Loix, contre l'autorité des Usages du Royaume les plus anciens & les plus respectables, déférer à un

(1) Le sieur Bouettin, Curé de Saint-Etienne-du-Mont.

Arrêt, qui, n'étant point accompagné de Lettres-Patentes, présentoit dans sa forme autant que dans sa disposition, tous les caracteres d'une surprise manifte ? Votre Parlement ordonna donc par un second Arrêt du 6 Juin, que l'information commencée contre le Curé de Verneuil seroit continuée, spécialement en ce qui concernoit les discours séditieux qu'il étoit accusé d'avoir tenus contre l'Autorité Royale,

Le 13 Juin, nouvel Arrêt du Conseil accordé sans doute à la même importunité des Agens du Clergé, qui traite d'attentat à l'Autorité Royale, l'Arrêt de votre Parlement du 6 Juin, qui fait défenses, à peine d'interdiction, aux Officiers du Baillage de Verneuil de l'exécuter, & à tous Huissiers, sous la même peine, d'en faire aucune signification.

Cet Arrêt plus étonnant encore que le précédent, par la nouveauté des défenses qu'il contient, n'étoit pas moins irrégulier & dans la forme & dans la maniere dont il est parvenu à la connoissance de votre Parlement, qui en conséquence s'est trouvé dans l'impossibilité d'y avoir plus d'égard qu'au premier.

Le 20 du même mois de Juin votre Parlement a donc ordonné que ses deux précédens Arrêts seroient exécutés. Et le même jour, instruit de la conduite schismatique du nommé Lancesseur Vicaire de la Madeleine de Verneuil, il l'a décrété de prise-de-corps.

Dès le 23 Juin, cet Arrêt rendu contre le Vicaire de Verneuil est cassé par un Arrêt du Conseil, qui évoque l'affaire concernant les refus de Sacremens faits par Lancesseur, surſeoit au Décret de priſe-de-corps prononcé contre lui, & enjoint au Greffier de remettre dans le jour toutes les Piéces de l'inſtruction du Procès du Procureur Général de Votre Majeſté, pour être par lui envoyées dans la huitaine à M. le Chancelier.

Votre Parlement apprit alors par le récit du Premier Préſident, que l'Huiſſier chargé de ſignifier cet Arrêt par la voie du Greffe, étoit porteur d'un ſecond Arrêt de même datte, par lequel il étoit autoriſé à ſe faire repréſenter le Regiſtre Plumitif pour y biffer l'Arrêt de votre Parlement du 20 Juin; qu'il étoit même accompagné d'un Lieutenant de la Prévôté de l'Hôtel, muni d'Ordres pour conduire le Greffier en priſon, en cas qu'il refuſât de repréſenter le Regiſtre.

Si votre Parlement, SIRE, n'eut conſulté que le devoir étroit & l'exactitude des Regles, ces nouveaux Arrêts, auſſi informes que les précédens, & auſſi incapables de lui manifeſter vos volontés, n'auroient rien changé dans ſa conduite, ni ſuſpendu ſes premieres démarches. Mais cédant à l'amertume de ſa douleur, & encore plus à l'empreſſément de la répandre dans le ſein de Votre Majeſté, il arrêta le 26 Juin, que vû les circonſtances, toutes les Procédures commencées contre le nommé Mercier demeureroient ſurſiſes, ainſi que l'exécution du Décret de priſe-de-corps contre Lanceſſeur: permit à votre Procureur Général ſur ſon Réquiſitoire de prendre des Copies collationnées des Procédures, & au ſurplus arrêta qu'il ſeroit fait de très-humbles Remontrances à Votre Majeſté.

Tout concourt donc à nous faire attendre

avec une entiere confiance le succès de nos justes Représentations. Mais parmi cette multitude de motifs qui exigent de notre fidélité la plus vive réclamation contre ces deux différens Arrêts de votre Conseil, ceux qui intéressent le caractére de la Souveraineté & le maintien de l'ordre public, tiendront toujours à nos yeux le premier rang.

L'un & l'autre, SIRE, sont attaqués par les Agens du Clergé dans la Requête sur laquelle ils ont surpris le premier de ces Arrêts. Quand ils se seroient bornés à ne pas improuver la conduite du Curé de Verneuil, leur silence sur un procédé si répréhensible, feroit naître les soupçons les plus légitimes; mais prenant ouvertement le parti de ce Curé, ils osent demander que, nonobstant le Décret d'ajournement personnel décerné contre lui, il puisse rentrer dans ses fonctions, qu'il lui soit même ordonné de les reprendre. N'est-ce pas déclarer que ce Curé, loin d'être coupable à leurs yeux pour avoir refusé les Sacremens, ne leur en paroît que plus digne de remplir le saint Ministere? Que même la nécessité de le rétablir est si pressante, qu'il faut lui sacrifier l'autorité des Loix & celle des Jugemens les plus solemnels de votre Justice Souveraine. Quel coup ne porte pas à la tranquillité publique une pareille démarche, qui annonce que les Agens Généraux de votre Clergé favorisent & fomentent un Schisme funeste, que vos Magistrats travaillent à éteindre avec tant de zéle dans les différentes parties de votre Royaume.

Le motif de la Requête des Agens du Clergé est encore plus intolérable. Ils fondent leur demande ſur l'incompétence de la Puiſſance Royale par rapport aux matieres ſpirituelles. Quoi ! SIRE, les refus publics des Sacremens ne ſeroient point ſoumis à l'inſpection de votre Autorité ? Les Miniſtres de l'Egliſe, Maîtres abſolus de leur adminiſtration extérieure pourroient les refuſer, ſans que la Puiſſance Souveraine pût prendre connoiſſance de ces refus, en examiner les cauſes, réprimer ceux qui ſeroient arbitraires ou injuſtes ? C'eſt à votre Conſeil que l'on oſe propoſer avec aſſurance ces dangereuſes maximes ; c'eſt ſur leur fondement qu'on oſe y pourſuivre la caſſation d'un Arrêt d'une des premieres Cours de votre Royaume.

Nous ne craignons point de le dire ; il n'y a, SIRE, que des ennemis de votre Couronne qui puiſſent conteſter à Votre Majeſté ce pouvoir attaché à ſon Sceptre. La Propoſition haſardée par les Agens du Clergé, eſt attentatoire à la Puiſſance Royale, injurieuſe aux Tribunaux dépoſitaire de votre Juſtice, & renferme même en quelque ſorte un crime d'Etat, qu'il ſeroit d'un pernicieux exemple de laiſſer impuni.

Nous ne pouvons, SIRE, trop le répéter à Votre Majeſté : il eſt de l'intérêt de votre Couronne, de celui de l'Etat, & du bien même l'Egliſe, que toutes les fonctions publiques du Miniſtere Eccléſiaſtique ſoient ſoumiſes à votre inſpection. L'Egliſe eſt dans l'Etat, & ſes Miniſtres vous doivent comme étant leur Roi & leur Souverain, le même compte de leur conduite, qui vous eſt dû par tous vos autres Sujets. A titre de Protecteur, il appartient encore à votre Souveraineté de défendre l'Eglise contre ses ennemis, d'y maintenir la paix, de veiller à l'exécution des Régles établies par les Canons, & de punir ceux ou qui les troublent, ou qui méprisent les Loix de sa Discipline.

Comme il ne seroit que trop aisé de justifier par une foule de faits autentiques, qu'il n'y a rien de si spirituel dans les fonctions publiques du saint Ministere, qui n'ait été employé par des Ecclésiastiques à exciter du trouble dans la Société; à combattre même la Puissance Royale; il seroit aussi facile de mettre sous les yeux de Votre Majesté une suite de Loix publiées par les Princes Chrétiens, & sur-tout par nos Rois, pour régler, conformément aux Canons, une multitude de Points de la Discipline de l'Eglise, & même l'administration extérieure des Sacremens.

Mais, sans nous livrer à un long détail sur des vérités que tout François ne peut méconnoître, & encore moins combattre sans crime; il suffit, pour démontrer la compétence de votre Justice & de vos Magistrats sur l'objet présent, de se rappeller l'usage invariable du Royaume par rapport aux Bulles de Rome, qui ne peuvent y être publiées qu'avec le Sceau de votre Autorité, & l'enrégistrement dans vos Parlemens.

Jamais en France on n'accusa d'entreprise sur les Droits de l'Eglise, les Magistrats, qui, attentifs à empêcher qu'on ne donne à un Décret de Rome une autorité qu'il n'a point, ou dont il est incapable, punissent ceux qui étendent son exécution au-delà des bornes prescrites par les Loix & les Réglemens.

Tel est néanmoins l'unique objet des Arrêts que votre Parlement a rendus contre le Curé & le Vicaire de la Madeleine de Verneuil. Il a été défendu par les Jugemens les plus solemnels, de poursuivre par voyes de Censures & de refus de Sacremens, l'exécution de la Bulle UNIGENITUS. Quelle seroit la force de ces Jugemens, si les Ecclésiastiques pouvoient impunément refuser de s'y soumettre?

Dans tous les tems les Magistrats ont pris connoissance des Censures & des Excommunications nulles & injustes, ils ont procédé contre leurs Auteurs, ils ont défendu sous différentes peines d'en prononcer qui fussent contraires aux régles de l'Eglise, ou préjudiciables à l'ordre public. Les Registres de vos Cours sont pleins de pareils Arrêts, dont on trouve même un grand nombre dans le Recueil des preuves de nos Libertés.

Les Prrlemens seroieut-ils donc moins compétens pour connoître des refus arbitraires des Sacremens? Ces refus ne sont-ils pas de véritables Excommunications? Ou si on veut y mettre quelque différence, les raisons qui soumettent les unes à leur vigilance, n'y assujettissent-elles pas les autres?

Des différens exemples de ces refus publics des Sacremens poursuivis par vos Juges, nous ne citerons, SIRE, à Votre Majesté, que celui d'un Curé de Tarascon, qui, convaincu au commencement de ce siécle d'avoir refusé une personne de sa Paroisse à la Sainte Table, fut condamné & puni par un Arrêt du Parlement d'Aix du 7 Mai 1711. Ce Jugement mérite d'autant plus l'atention de Votre Majesté, que les Agens du Clergé, imbus déja des mêmes erreurs sur la compétence de l'Autorité temporelle, appuyerent de toutes les sollicitations les poursuites qui furent faites pour obtenir de votre Conseil la cassation de cet Arrêt, sur le prétexte ordinaire, que les refus de Sacremens sont une matiere spirituelle.

Mais alors & les poursuites & les sollicitations furent inutiles. La demande en Cassation fut rejettée, ainsi que son motif, avec l'indignation que l'un & l'autre méritoient.

Par quelle fatalité une semblable démarche a-t'elle aujourd'hui un sort si différent? La Requête du Clergé est admise : sa demande lui est aussi-tôt accordée; & sans aucun examen préalable des motifs qui ont fait rendre les Arrêts dont ils se plaignent, ces Arrêts sont annullés contre la disposition des Loix du Royaume, qui veulent que les Jugemens de Cour Souveraine ne puissent être cassés que par les voies de Droit, que dans les cas & en observant les formes portées par les Ordonnances (1).

Les Arrêts du Conseil des 25 Mai, 13 & 23 Juin, ouvrage de la surprise & de l'importunité, ne peuvent donc, SIRE, qu'affliger vivement vos Sujets fidéles, & sur-tout des Magistrats qui connoissent l'étendue de leur Serment & de leur devoir.

Soit que l'on considére ces Arrêts dans leur disposition, dans leur forme, ou dans la maniere dont on a essayé de les mettre à exécution, il est toujours évident qu'ils ne pourroient subsister, sans jetter le trouble dans l'Eglise & dans l'Etat, sans intervertir l'ordre

(1) *Ordonnance de Blois, Art. 92.*

de

la Justice, sans donner atteinte aux Loix & aux Usages du Royaume.

Le Schisme y trouveroit un appui qui en accéléreroit le progrès : les ennemis de la paix, assurés de l'impunité, se livreroient à toute l'ardeur de leur faux zéle. Il n'est point de degré d'autorité qu'on ne donnât bien-tôt à la Bulle. Le défaut de soumission à ce Décret, seroit un prétexte sûr pour véxer les Sujets de Votre Majesté, pour exercer dans le sein de l'Etat une domination d'autant plus dangereuse, que couverte sous le motif apparent de faire respecter une Décision Doctrinale, elle oseroit tout entreprendre. Les refus de Sacremens incapables de satisfaire la passion des auteurs du trouble, seroient suivis d'une rupture totale : des Prédications scandaleuses, peut-être même séditieuses, répandroient de toutes parts l'allarme & la défiance. De-là une fermentation générale dans les esprits. Les Peuples prévenus contre ceux qu'il plairoit aux Pasteurs de décrier par des privations publiques des Sacremens & par des déclamations odieuses, les regarderoient avec horreur ; & de la haine, se porteroient facilement aux insultes & aux violences. Quel triste avenir ces funestes présages laissent-ils entrevoir ?

D'ailleurs, SIRE, ces Arrêts du Conseil, si fréquemment surpris par le Clergé, ne tarderoient pas à lui servir de titre pour combattre l'Autorité même qui les a rendus ; & avec quel avantage ne contesteroit-il pas à l'Autorité Royale le droit nécessaire, inaliénable, inhérent à la Couronne, d'inspection sur les fonctions publiques du Ministere, ayant à lui opposer sa propre reconnoissance, les Arrêts mêmes de son Conseil ? Votre Majesté s'étant déclarée incompétente pour connoître des refus publics des Sacremens, sur le motif que c'est une matiere spirituelle ; à combien d'objets le Clergé n'étendroit-il pas cette qualification si générale ? Il n'est rien dans l'administration Ecclésiastique, rien dans le culte extérieur de la Religion à quoi ce motif ne s'appliquât. Ne laissez pas subsister, SIRE, nous vous en conjurons par l'intérêt de Votre Majesté, toujours inséparable de celui de l'Etat, des Arrêts si visiblement surpris à votre Religion, monumens des entreprises du Clergé, aussi peu dignes des lumieres de notre siécle, que de la sagesse de votre Gouvernement.

Par les Evocations qu'ils renferment, ces Arrêts sont encore contraires au bien public, aux Loix de l'Etat, & préjudiciables aux véritables intérêts de Votre Majesté.

Les Ordonnances n'ont si souvent défendu aux Juges d'avoir égard aux Evocations particulieres, sur-tout en matiere criminelle, que parce que les Rois vos Augustes Prédécesseurs en ont connu les pernicieux effets par une trop funeste expérience ; combien ne sont pas plus dangereuses des Evocations qui intéressent directement l'ordre public, la liberté des Citoyens & la possession de leur droits les plus précieux ? Combien moins peut-il être permis aux Juges d'y déférer.

Nous ne remettrons point sous les yeux de Votre Majesté cette nombreuse suite d'Ordonnances, témoignages autentiques de l'amour de nos Rois pour la Justice, qui s'élevent contre l'abus des Evocations. Nous avons eu l'occasion de vous rappeller dans nos dernieres Remontrances quelques-unes de leurs dispositions principables. Mais pourrions-nous vous dissimuler, SIRE, que jamais les vues de sagesse & d'équité qui dicterent ces Loix, n'ont eu une application plus nécessaire que dans les circonstances présentes.

Les refûs de Sacremens sont une de ces matieres provisoire qui exigent que les Sujets trouvent dans les Tribunaux de votre Justice, répandus dans toutes les parties du Royaume, un secours aussi prompt que facile. Quelle ressource auroient vos Peuples véxés par leurs Pasteurs, privés par voie de fait des biens les plus chers à leur Religion, s'ils étoient dans la nécessité de quitter leur pays, leur famille, leurs occupations pour implorer aux pieds du Trône & loin de leur demeure, la protection qui leur est due dans des cas aussi urgens ?

C'est par les Evocations qui sont toujours suivies de l'impunité des coupables, que depuis si long-tems les Ecclésiastiques réussissent à couvrir leurs excès, à rendre la vigilance des Magistrats inutile, à se garantir de la sévérité des Loix. Sans recourir a tant d'exemples si malheureusement multipliés, qui montrent que c'est par cette voie qu'ils se sont procurés, la facilité de soutenir les prétentions les plus injustes, de mépriser les Maximes & les Régles du Royaume, d'attaquer même les Droits les plus certains de votre Autorité ; les Arrêts qui donnent lieu à nos très-humbles Remontrances, n'en fournissent, SIRE, qu'une preuve trop frappante. Le Curé & le Vicaire de Verneuil rétablis dans leurs fonctions au mépris des Arrêts de votre Parlement, n'en seront que plus hardis à continuer leurs procédures Schismatiques ; & leur exemple contagieux fera de nouveaux coupables, que la punition des premiers eût infailliblement retenus dans le devoir.

Aussi ne pouvons-nous croire, SIRE, que des Arrêts si contraires à vos véritables intérêts contiennent les intentions de Votre Majesté. Leur forme même a dû suffire pour nous le persuader. On y voit les marques les plus évidentes de la surprise, sans aucun des caractéres essentiels, auxquels seuls votre Parlement peut reconnoître la volonté du Souverain ; puisqu'ils ne sont pas accompagnés de Lettres-Patentes.

La grandeur du Trône exige que les Ordres qui en émanent, portent l'empreinte de la Majesté Royale. Plus ils méritent les respects & les hommages, & plus le signe qui les manifeste doit répondre à la dignité du Prince qui les donne ; plus aussi est-il nécessaire que par les caractéres extérieures qui les accompagnent, il soit également impossible ou de les méconnoître, ou de s'y méprendre. De-là l'usage du Sceau : usage qui n'est pas moins inviolable, qu'il est ancien dans la Monarchie. De-là cette clause de tous les Edits, Déclarations, Lettres-Patentes, qui annonce le Sceau qui y est apposé, comme le temoin autentique, le caractére propre des volontés stables du Souverain.

Mais il est encore indispensable, SIRE, que ces respectables volontés ne soient notifiées à vos Parlemens que par la voie des Lettres-Patentes. Les Ordonnances [1] en leur défendant d'avoir égard aux Lettres Missives aux Lettres Closes, pour le fait de la Justice, excluent tous les Mandemens qui ne seroient pas dans la forme des Lettres-Patentes, ou que ces Lettres n'accompagneroient point : les Arrêts de votre Conseil n'ont jamais pû être exceptés de cette loi générale : & la Déclaration de Votre Majesté elle-même du premier Mai 1716, en renferme un témoignage précis.

Une Régle aussi essentielle n'est pas du nombre de ces formalités indifférentes, qui peuvent être négligées ou changées sans conséquence. Vos Augustes Prédécesseurs qui en ont confirmé l'usage par tant de Loix, ne l'ont fait que sur les motifs les plus sages & les plus importans.

Ces motifs se trouvent dans la forme même des Lettres-Patentes qui n'ordonnent leur propre Enrégistrement, que s'il appert qu'elles ne contiennent rien de contraire aux véritables intérêts du Souverain, à son Autorité, aux Loix & aux Maximes du Royaume.

Ils se trouvent dans ces Ordonnances renouvellées de Régne en Régne, par lesquelles nos Rois défendant à leurs Parlemens d'obtempérer en aucune sorte aux Lettres-Patentes, qui ne seroient pas conformes à la justice & à la raison, en déchargent sur eux leur propre conscience [2].

Ils se trouvent dans la maniere dont les

[1] *Ordonnance de Moulins, Art.* 81.
[2] *Ord. de Charles VI. du* 15 *Août* 1389.

Lettres-Patentes s'exécutent dans le Royaume, où cette exécution est précédée d'un enrégistrement, qui toujours fait avec délibération, devient aux yeux du Souverain un témoignage précieux que ses Ordres ne sont point l'effet de la surprise.

Pénétrés de ces grandes maximes, que c'est par la Justice que les Rois régnant, que le Gouvernement juste est celui-là seul auquel les Loix président, que de leur observation exacte & persévérant, dépend le bonheur des Sujets & la stabilité du Trône; Vos Augustes Prédécesseurs, & Votre Majesté même, pour fixer l'empire & la stabilité des Loix ont voulu que leurs Ordres fussent dans une forme qui les fît passer, avant d'être exécutés, par l'examen des Parlemens, de ces Cours, Ministres essentiels de leur Justice, dépositaires par Etat des Maximes du Royaume, & chargés par Serment de l'exécution des Loix.

Tel est, SIRE, le principe & le fondement de cet usage si ancien, suivant lequel vos volontés ne nous parviennent que par Lettres-Patentes: usage aussi glorieux pour Votre Majesté, qu'il est conforme à ses vrais intérêts & avantageux aux Peuples: usage qui sera toujours un des gages les plus certains de votre tendre affection pour vos Sujets. Rien n'annonce plus le Gouvernement paternel que cette attention à prévenir les surprises dont le Trône ne garantit pas l'humanité.

Il n'est en effet que trop vrai, SIRE, que les meilleurs Princes ne sont pas à l'abri des surprises. Votre Parlement en fait dans l'occasion présente une triste épreuve. Et si le moindre de vos Sujets est assuré de vous trouver sensible à ce qui le touche, quelle ressource votre Parlement ne doit-il pas trouver dans le cœur de Votre Majesté, contre l'opprobre dont le couvriroit la maniere avec laquelle on a essayé de faire exécuter les Arrêts de Votre Conseil, par des significations aussi ignominieuses qu'irrégulieres, par des défenses aux Officiers inférieurs de la Justice de mettre nos Jugemens à exécution.

Notre profond respect & notre confiance dans la bonté de Votre Majesté nous font supprimer les Réflexions sur l'avilissement où de pareils ordres réduiroient les Tribunaux chargés de l'exercice de Votre Justice Souveraine; sur l'infraction des Régles qui en feroit la suite, sur le danger dont elle menaceroit l'Etat, sur le spectacle si indécent qu'elle présenteroit aux Peuples d'un combat entre votre Autorité surprise, & votre Autorité dirigée par les Loix, & exercée selon les régles, dans les Tribunaux ordinaires. L'honneur de vos Cours, SIRE, n'est autre que le vôtre même.

Les Ordonnances du Royaume nous autorisoient à les réprimer sur le champ, loin d'y avoir égard; & nous devons nous justifier aux yeux de Votre Majesté sur la condescence, peut-être excessive, qui nous a porté à surseoir des Procédures des plus justes, & des plus nécessaires. Nous n'avons pas ignoré, SIRE, les devoirs que les Ordonnances nous imposent, ni les voyes qu'elles veulent que nous prenions par rapport aux Ordres, qui visiblement contraires *à la justice & à la raison*, ne peuvent être que surpris à la Religion du Souverain. L'Ordonnance de Charles VI défend à vos Parlemens *d'ajouter foi aux Huissiers qui leur porteroient de sa part de semblables Ordres ; & les charge même de punir, suivant l'exigence des cas, ceux qui en sont porteurs : de maniere que leur punition serve d'exemple à tous autres.*

Assurés que nous étions par les nouveaux témoignages que Votre Majesté venoit encore de nous donner, que son intention a toujours été de maintenir l'exécution des Loix, il semble que nous ne pouvions, sans nous exposer à de justes reproches, suspendre nos poursuites dans une occasion qui exigeoit toute notre activité.

Votre Parlement, SIRE, ne se l'est pas dissimulé. Mais sçachant aussi qu'un de ses premiers & principaux devoirs est de porter aux pieds du Trône la vérité qui y parvient difficilement, il a cru devoir sacrifier tout le reste à la nécessité instante de rendre Votre Majesté attentive sur la grandeur du mal qui menace l'Etat : espérant par ce Sacrifice même, de faire parvenir plus promptement & avec plus de succès à Votre Majesté, des Remontrances les plus importantes qu'il vous ait jamais présentées.

Les Objets dont nous portons de si justes plaintes, ont exigé notre premiere attention, & ils attireront sans doute celle de Votre Majesté sur le deshonneur qu'ils répandent sur vos Cours ; mais il ne nous est pas permis d'être insensibles aux dispositions humiliantes & si peu méritées, que ces Arrêts renferment contre le Baillage de Verneuil.

Redevables aux Tribunaux inférieurs qui concourent avec nous à soutenir l'Autorité Royale par celle des Loix, & dont l'honneur & la jurisdiction sont même partie de ces Loix que nous sommes chargés de maintenir: redevables aux Officiers qui les composent, d'une protection d'autant plus marquée, qu'ils s'acquittent plus exactement de leur devoir, pourrions-nous ne pas réclamer contre la cassation des Jugemens rendus par le Baillage de Verneuil, & contre le traitement si inattendu fait au Substitut du Procureur-Général de Votre Majesté en ce Siége ?

L'Arrêt de votre Conseil rendu le 25 Mai sur la Requête non communiquée des Agens du Clergé, casse & annulle une Sentence du Baillage de Verneuil du 30 Avril précédent, qui avoit ordonné au Curé de la Madeleine de cette Ville, à peine de saisie de son temporel, d'administrer les derniers Sacremens au sieur Fournier; & défend aux Officiers de ce Siége d'en rendre de pareilles à l'avenir.

Par un autre Arrêt du 13 Juin, également rendu sur la seule Requête des Agens du Clergé, une seconde Sentence du 6 Juin a été cassée, pour avoir enjoint au Vicaire, & à son refus, aux autres Prêtres de la même Paroisse, ou à leur défaut, au Curé de Notre-Dame de la même Ville, d'administrer le sieur Delaunay: & l'Arrêt, en défendant encore aux Officiers de rendre de semblables Jugemens, à peine d'interdiction, prononce dès à présent cette peine rigoureuse contre le Substitut infortuné.

Est-il cependant besoin, SIRE, de justifier

les dispositions de ces Jugemens ? Ce que nous avons eu l'honneur de Vous représenter sur le Droit incontestable, nécessaire, essentiel qu'a V. M. & qu'ont par conséquent vos Juges; de connoître des refus publics des Sacremens, ne peut laisser aucun doute sur la témérité de l'accusation d'incompétence intentée par les Agens du Clergé.

Seroient-ils mieux fondés dans le moyen qu'ils tirent de l'Article 34 des Lettres-Patentes en forme d'Edit de 1695. Il consiste dans une fausse interprétation de cet Article. Nous disons fausse interprétation : car si son ambiguité pouvoit leur fournir le plus léger prétexte, nous supplierions Votre Majesté de le réformer, & de le mettre à l'abri de tout abus, par une explication claire & précise.

L'Archevêque de Rouen (M. d'Aubigné) fit de vains efforts pour le faire valoir contre l'Arrêt de votre Parlement du 13 Octobre 1718; mais le Conseil de V. M. n'y eut aucun égard. Il suffira de rappeller ce que nous y répondîmes dans les motifs que nous eûmes l'honneur de Vous envoyer.

Cet Article, y disions-nous, *ordonne* seulement *que les Curés ne pourront recevoir d'autres Appellations des Ordonnances & Jugemens des Archevêques, Evêques & autres Juges d'Eglise, que celles qui seront qualifiées comme d'abus : ce qui signifie seulement qu'elles ne pourront connoître des Appellations simples. Mais il ne leur a point été interdit de prendre connoissance des Ordonnances & Mandemens des Archevêques & Evêques, lorsqu'il n'y a pas d'Appel comme d'abus. Au contraire, l'Article 28 du même Edit de 1695, la leur attribue préci-*

ſément en ce qui regarde la Police, encore bien qu'il n'y en ait pas d'Appel comme d'abus.... Et l'Article 30 laiſſe aux Cours de Parlement & autres Juges Royaux le ſoin de pourvoir par la voye qui leur paroîtra la plus convenable, à la réparation du ſcandale, du trouble, de l'ordre & de la tranquillité publique, & des contraventions aux Ordonnances, cauſées par quelque publication de Doctrine.

L'Archevêque de Rouen prétendoit qu'aux termes de l'Edit de 1695, nous ne pouvions connoître de ſon Mandement que par la voye de l'Appel comme d'abus; & qu'ainſi nous n'avions pû le ſupprimer directement. La prétention des Agens du Clergé eſt aujourd'hui la même. Ils veulent que les refus de Sacremens ne ſoient ſoumis à la connoiſſance de la Puiſſance temporelle, que par la voye de l'abus; & que vos Juges ne puiſſent les pourſuivre, ni en connoître par d'autres voyes. Mais les principes qui combattent la premiere objection, écartent également la ſeconde. Il en eſt en effet des refus publics de Sacremens, comme de la publication de la Doctrine, qui eſt même ce qu'il y a de plus purement ſpirituel dans la Religion. Le trouble qu'ils cauſent, formant un délit par ſa nature, il appartient à vos Cours & aux autres Juges de pourvoir par les voyes les plus convenables, à la réparation du ſcandale dans l'un & l'autre cas.

Auſſi dans l'affaire du Curé de Taraſcon, la Plainte fut-elle portée pardevant le Juge Royal, en même-tems qu'à l'Officialité. Le délit fut pourſuivi comme cas privilégié; & malgré les plaintes d'incompétence, formées d'abord au Parlement d'Aix, & ensuite renouvellées au Conseil, la Sentence du Juge d'Arles fut confirmée à Aix, & la Requête en Cassation fut rejettée au Conseil.

Si les deux Sentences du Siége de Verneuil enjoignent au Curé & aux Prêtres de la Paroisse de la Madeleine d'administrer les Sacremens, quels griefs ces dispositions, principal prétexte des déclamations des Agens du Clergé, auroient-elles jamais pû fournir contre ces deux Sentences? Ces sortes d'injonctions ne sont-elles pas légitimes, dès que la compétence est certaine? Les Loix, & l'Edit de *1695* en particulier, ne font-elle pas de pareilles injonctions aux Curés, & même aux Archevêques & Evêques? Pourquoi des Juges compétens pour punir les Curés qui refusent injustement les Sacremens à leurs Paroissiens, ne pourroient-ils pas leur enjoindre de s'acquitter fidélement de cette fonction de leur Ministere; & les obliger d'accorder aux Fidéles qui les demandent, des secours si nécessaires qui leur sont dûs?

Les Sentences de vos Juges de Verneuil ne devoient donc pas, SIRE, les exposer à des Cassations flétrissantes de leurs Jugemens, à des menaces d'interdiction, peine si graves pour des Juges, & réservées par les Ordonnances aux Officiers coupables de prévarications réelles. Qu'il est affligeant pour le Substitut du Procureur-Général de Votre Majesté, de subir cette interdiction non-seulement sans conviction, sans délit, & pour avoir rempli un devoir essentiel de son ministere, mais sur la simple accusation des Agens du Clergé, & sans avoir eu même la liberté

liberté de se défendre, liberté que les Loix accordent aux plus grands criminels !

Quel coup ne porteroient point à l'ordre public, & à l'intérêt le plus précieux des Sujets de Votre Majesté, ces défenses faites aux premiers Juges de protéger vos Peuples vexés par les Ecclésiastiques, de les maintenir dans la possession de recevoir les Sacremens, de punir les Curés qui les refusent sans cause, & de réprimer les actes d'un Schisme qui jette déja le désordre & la confusion dans l'Etat ?

Quelle atteinte enfin ne donneroient pas aux Loix & à l'économie de l'administration de la Justice dans le Royaume, des Arrêts qui intervertissent l'ordre judiciaire, frayent une nouvelle route de se pourvoir contre les Sentences des premiers Juges, substituent à celle de l'Appel fondé sur les Ordonnances, la voye si extraordinaire de la Cassation, & annullent, sur la seule Requête des Agens du Clergé, des Jugemens contre lesquels ils n'auroient pas manqué de prendre les voyes de Droit qui étoient ouvertes, s'ils n'eussent pas cherché à se soustraire à la Justice ?

Mais quel nouveau sujet de douleur pour nous, SIRE, que la qualification que donne à l'Arrêt de votre Parlement du 20 Juin, une Lettre de votre Chancelier, adressée par vos Ordres au Premier Président pour nous être communiquée ?

Votre Parlement toujours pénétré du plus profond respect & de la soumission la plus entiere à vos Volontés, a été aussi affligé que surpris, d'entendre qualifier d'acte de désobéissance à vos Ordres, un Arrêt dont l'unique objet a été d'ordonner l'exécution de deux Arrêts précédens : Arrêt nécessaire pour le bien de votre service ; Arrêt non-seulement irrépréhensible, mais l'exécution littérale de ces Loix multipliées qui défendant aux Juges d'obtempérer aux Ordres surpris pour arrêter le cours de la Justice, leur font un devoir de paroître alors désobéissans, & exigent même sous le sceau du serment, leur respectueuse, mais ferme résistance, comme le gage le plus certain de leur fidélité.

Les plus grands Princes, ceux même qui ont été les plus jaloux de leur Puissance, ont reconnu le danger d'arrêter par des Ordres surpris par des Arrêts sur Requête, l'exécution des Jugemens rendus en connoissance de cause, & sur-tout pour le bien public, par les Juges dépositaires de leur Autorité. L'Empereur Constantin crut qu'il étoit digne de la Majesté Souveraine d'en faire une Loi précise (1). Combien de fois, SIRE, ces sentimens héréditaires parmi nos Rois leur ont-ils fait rétracter des Arrêts & des Ordres surpris à leur Religion? Pénétré plus qu'aucun de vos Ancêtres de ces nobles sentimens, Votre Majesté va marcher sur leurs traces dans une circonstance sur-tout, où tant de motifs propres à toucher un grand Roi, se réunissent aux instances des Magistrats les plus fidéles & les plus dévoués à son service.

(1) *Quod magno conflictu Sententia decerni solet ; id paucis litteris temere descriptis definiri fas non est*. Cod. Tit. *Comminationes, Epistolas, &c. autoritatem rei judicatæ non habere*. Leg. 7.

Nous ne vous demanderions pas, SIRE, tout ce que votre Juſtice, votre affection pour vos Peuples, votre zéle pour le bien de la Religion & de l'Etat, le propre intérêt de Votre Perſonne Sacrée, nous donnent droit d'attendre de Votre Majeſté, ſi nous nous bornions à la ſupplier de retirer des Arrêts du Conſeil dont la ſurpriſe eſt évidente par tant d'endroits. L'horreur des maux dont le Schiſme menace votre Royaume, exige un remède auſſi prompt qu'efficace: & ce remède conſiſtant dans l'application continuelle & vigilante des Loix que nous ſommes chargés de faire exécuter, c'eſt une protection ouverte que nous oſons demander à Votre Majeſté; c'eſt une indignation déclarée contre les fauteurs du Schiſme & contre tout ce qui le fomente; c'eſt une punition éclatante de quiconque oſeroit vous propoſer d'arrêter le cours de votre Juſtice dans des circonſtances, où elle ne ſçauroit ſe déployer avec trop de vigueur.

Tels étoient, SIRE, les Objets importans que votre Parlement ſe préparoit à mettre ſous les yeux de Votre Majeſté; mais ce qu'il vient d'éprouver par vos Ordres, l'oblige de vous porter ſes juſtes plaintes, & de juſtifier la régularité de ſa conduite.

Le premier de ce mois, (1) le ſieur Marquis de Fougieres Lieutenant-Général de vos Armées, ſe préſente à la porte de la Grand'-Chambre, accompagné des Officiers d'un Régiment de Dragons en garniſon dans cette Ville. Il demande à y entrer avec eux: l'Huiſſier lui répond par ordre de la Cour, qu'il y

(1) *Premier Août* 1753.

entrera seul. Il entre ; & après avoir fait faire lecture d'une Lettre de Créance, il demande à être placé au-dessus du Doyen de votre Parlement ; Place qui ne peut être occupée que par les Princes de Votre Sang, les Ducs à cause de leurs Pairies, les Gouverneurs & les Lieutenans-Généraux de la Province, & enfin par tous ceux qui y ont droit par leur Naissance, leurs Places ou leurs Charges, après le serment prêté.

Placé au banc des Rapporteurs, (seule place que l'on doive accorder à ceux qui apportent à vos Parlemens les Ordres de Votre Majesté) il présente des Arrêts de votre Conseil, dénués de Lettres-Patentes qui cassent & annullent les Arrêts & Arrêtés de votre Parlement des 20 Juin, 19 & 28 Juillet derniers ; & ordonnent qu'ils seront rayés & biffés, sur les Registres & Minutes en présence dudit sieur de Fougieres.

Votre Parlement, SIRE, suivant son droit, veut en délibérer. Le sieur de Fougieres le lui défend de la part de Votre Majesté. Dépouillés de cette portion essentielle de la Magistrature, nous voulons nous retirer : le sieur de Fougieres nous en fait la défense. Mais obligé de répondre à la demande qu'on lui fait de représenter ses Ordres ; il est contraint d'avouer qu'il n'en a point qui nous obligent à rester.

Au moment que nous nous retirons après une pareille réponse, il empêche le Greffier de sortir, & le force de lui représenter les Registres & Minutes de votre Parlement : Dépôts sacrés de l'Etat & de la fortune de vos Sujets.

Le ſanctuaire de la Juſtice ſe trouve au même instant rempli d'Officiers militaires ; & en leur préſence il note ces Regiſtres de la marque la plus éclatante de votre indignation & la plus mortifiante pour votre Parlement, en les rayant & biffant en exécution des Arrêts de Votre Conſeil.

Votre Parlement, SIRE, a-t'il pû ne pas proteſter contre une pareille violence, exercée d'une façon ſi inouie & ſur des titres auſſi contraires à toutes les Loix de votre Royaume ?

Et en faiſant un Acte conforme à ſes devoirs, auroit-il pû penſer qu'il verroit revenir quatre jours après le ſieur de Fougieres exécuter de pareils Ordres de Votre Majeſté, auſſi peu réguliers dans la forme, que rigoureux au fond ?

C'eſt cependant, SIRE, ce que votre Parlement a eu la douleur d'éprouver, & ce que la poſtérité aura peine à croire. Et c'eſt cette derniere violence qui a donné lieu à la nouvelle proteſtation employée dans ſon Arrêté du ſept de ce mois.

Mais, SIRE, d'autres excès auſſi contraires à l'ordre de la Juſtice, excitent encore les plaintes de votre Parlement.

L'Evêque d'Evreux réfractaire à un Réglement fait pour arrêter le Schiſme naiſſant dans cette Province, & pour y maintenir la tranquillité, force votre Parlement à le décréter d'ajournement perſonnel, après avoir épuiſé inutilement vis-à-vis de lui par différens Arrêtés & Arrêts les voyes d'invitation, d'injonction & de condamnation d'amande, pour l'engager à faire ceſſer le ſcandale.

L'Huiſſier chargé de la ſignification de cet Arrêt, trouve la Maiſon Epiſcopale remplie de gens armés (1). Dans le moment qu'il délivroit ſa ſignification & qu'il s'acquittoit des devoirs de ſon miniſtere, ils viennent fondre ſur lui. Il veut fuir, ils le pourſuivent & menacent de faire feu. Contraint de s'arrêter, craignant pour ſa vie, & obligé de céder à la force, on l'arrête, & on le traîne en priſon après l'avoir forcé de rendre la groſſe de l'Arrêt ſur laquelle étoit l'original de la ſignification qu'il venoit de délivrer.

Par quelle fatalité, SIRE, l'Evêque d'Evreux réfractaire aux Loix, & fomentant le Schiſme dans votre Royaume, a-t'il le bonheur d'éprouver toutes les faveurs de la protection Royale ; tandis que votre Parlement qui ne fait que pourſuivre l'exécution d'un Réglement que Votre Majeſté n'a pas même déſapprouvé, qui ne travaille qu'à maintenir l'ordre & la tranquillité dans l'Etat, n'éprouve que les rigueurs de votre Puiſſance ?

Nous oſons, SIRE, le dire à Votre Majeſté. Nous ne pouvons croire que ſa Religion n'ait pas été ſurpriſe : & pour nous ſervir des termes de l'Ordonnance de 1539, que de pareils Ordres n'ayent pas été accordés par importunité ou par inadvertance. Et pourrions-nous penſer en effet qu'un Roi digne protecteur des Loix, pût ſe déterminer à infliger les peines les plus mortifiantes à des Magiſtrats, qui n'ont eu que ces mêmes Loix & l'équité pour guides.

(1) *Les Archers de la Maréchauſſée étoient déguiſés.*

Cette même équité, SIRE, le bien de votre Etat & le maintient de l'Autorité que vous nous avez confiée, nous obligent de reclamer aujourd'hui la liberté de l'Huissier qui n'en a été privé que pour avoir exécuté vos Ordres, en signifiant les Arrêts de votre Parlement.

C'est par ces mêmes motifs, que nous réclamons aussi la liberté d'un Huissier de l'Election de Verneuil, arrêté & emprisonné par vos Ordres, sans autre délit que celui d'avoir rempli ses devoirs, en prêtant son Ministere au sieur Delaunay pour réitérer de sa part au Curé de Verneuil des Sommations de lui administrer les Sacremens.

Pourrions-nous, SIRE, ne pas représenter à Votre Majesté les autres moyens dont on se sert pour arrêter le cours de la Justice? Deux Prêtres entendus dans l'information faite contre le Curé de Verneuil, sont exilés par Lettres de Cachet.

Nous ne pouvons, SIRE, vous le dissimuler, de pareils excès tolérés plus long-tems par Votre Majesté, entraîneroient le renversement de la Justice & de l'ordre dans l'Etat. Vos Peuples pourroient tout oser, n'étant plus retenus par le frein des Loix dont l'exécution deviendroit impossible, & les Magistrats constitués pour les contenir, ne pourroient s'opposer au désordre.

Jamais, SIRE, de si grands Objets n'ont animé le zéle de votre Parlement. Les Maximes qui ont été les guides invariables des Saints Rois Charlemagne & Louis IX, qui ont servi de bouclier à l'Etat sous les Rois Philippe-Auguste, Philippe-le-Bel, Henri

III & Henri IV, ont été consacrés à la postérité par la Déclaration de 1682 : monument éternel de la Sagesse du Roi Louis XIV. votre Auguste Bisayeul.

Ces Maximes, SIRE, se trouvent aujourd'hui attaquées par une Puissance, qu'on ne peut trop respecter, lorsqu'elle se renferme dans les limites que Dieu lui-même lui a prescrites; mais qu'on ne peut trop réprimer, lorsqu'elle s'en écarte.

Le Schisme qu'on avoit voulu faire naître en 1718, éteint, SIRE, dans la même année par la fermeté de vos Parlemens; renaît aujourd'hui par des moyens plus dangereux encore, puisqu'ils sont plus irréguliers. Les Ordonnances de tous nos Rois, qui prescrivent la maniere dont les Ordres de V. M. doivent être transmis à vos Parlemens, sont aujourd'hui changées en Lettres Closes, auxquelles nous faisons serment de ne point obtemperer. Quel motif, SIRE, pour redoubler en nous cette fermeté qui fait le caractére distinctif & essentiel du Magistrat? Mais quelle confiance votre Parlement n'a-t'il pas en même-tems, lorsqu'il a l'honneur de parler à un Roi, l'amour de ses Peuples, qui mérite de l'être, & à qui il suffit de montrer la vérité pour qu'il la suive?

Cette vérité, SIRE, ne peut parvenir au pied du Trône, par une voye plus sûre que celle de vos Parlemens. Les Magistrats qui les composent, sans intérêt particulier, n'ont pour objet que celui de V. M. & de l'Etat. Sans ambition & sans aucune idée de fortune, ils sont impénétrables à ces deux passions, qui ne prennent que trop d'empire sur le plus grand nombre de vos Sujets. S'il en est une, SIRE, qui pût nous affecter, ce seroit la crainte de déplaire à V. M. Mais des Magistrats qui s'acquitent fidélement de leurs devoirs, & qui ont l'avantage de pouvoir lui faire connoître la pureté de leurs intentions & du zéle inviolable qui les anime, ne peuvent jamais craindre d'éprouver un pareil malheur.

Ce sont,

SIRE,

Les très-humbles & très-respectueuses Remontrances que présentent à Votre Majesté,

Vos très-humbles, très-obeissans, très-fideles & très-affectionnés Sujets & Serviteurs,

Les Gens tenant votre Cour de Parlement de Normandie.

Fait en Parlement le 14 Août 1753.

AUDIENCE ACCORDÉE PAR LE ROI *aux Députés du Parlement de Rouen, le 2 Septembre 1753.*

Les Députés entrés le Roi a dit :

Je vous ai mandés pour vous faire sçavoir mes intentions, mon Chancelier va vous les expliquer.

Aussi-tôt M. le Chancelier a lu ce qui suit :

LE Roi n'a vu qu'avec une extrême surprise, que l'objet de vos Remontrances paroît tendre à donner atteinte à l'autorité qu'a reçu la

Constitution, tant sous le Regne du feu Roi, que depuis l'avenement de Sa Majesté à la Couronne.

Par les Declarations qu'il a donné en 1720, & en 1730 pour faire rendre à cette Bulle, le respect & la soumission qui lui sont dus comme au jugement de l'Eglise Universelle en matiere de doctrine, sans permetre neanmoins que les Articles ayent d'autre qualification, que celle qui lui a été donnée par l'Eglise, & que S. M. a autorisée, Elle maintiendra toujours l'execution de ses Declarations, & les Magistrats seront tenus de s'y conformer comme ses autres Sujets.

Le Roi portera toujours une attention particuliere pour faire observer la disposition des Ordonnances, qui regle le pouvoir des Juges d'Eglise, comme celles qui etablissent la précaution nécessaire pour empécher qu'ils n'en abusent. Mais en confiant à ses Juges le soin de reprimer les entreprises de la Jurisdiction Ecclesiastique, elle ne leur a pas permis en matiere de Sacremens, de s'attribuer le pouvoir qui appartient aux Ministres de l'Eglise, & son intention sera toujours de contenir les deux Puissances dans leurs véritables bornes. C'est dans la personne seule de S. M. que réside la plenitude de la Justice, & les Magistrats ne tiennent que d'Elle leur état, & le pouvoir de la rendre à ses Sujets. Le Roi maintiendra toujours l'ordre des Jurisdictions qu'il a etablies en laissant à ses Officiers la connoissance des matieres qu'elle leur a attribue, mais lorsque par des considérations particulieres, S. M. jugera qu'il est de sa sagesse & de sa prudence de s'en reserver la connoissance pour en décider par elle-même; elle n'entend point qu'il soit apporté aucun changement dans la forme constamment pratiquée pour faire connoître sa volonté à ses Cours;

son intention est également que la même forme subsiste dans les cas où Elle est obligée d'ordonner la cassation de leurs jugemens ; c'est dans cette forme que S. M. vous a fait connoître sa volonté dans les affaires particulieres du Curé & du Vicaire de Verneuil.

Si elle a été obligée de recourir aux voyes extraordinaires dont vous lui portés vos plaintes dans vos Remontrances, ce n'est que sur les refus réitérés que vous avez fait de reconnoître cette forme.

Elle a fait choix pour vous porter ses ordres de l'un des principaux Officiers de ses Gardes, qui a rempli à la satisfaction de S. M. la Commission dont il a été chargé ; mais rien n'ayant pu vaincre votre resistance, S. M. s'est determinée de vous mander pour vous declarer Elle-même ses intentions.

S. M. ne veut donc point qu'il soit rien changé aux formes qui sont en usage pour vous donner connoissance des Arrests qu'Elle rend en son Conseil en matiere de Cassation & d'Evocation, ni que dans l'un ni dans l'autre cas, il soit expedié des Lettres-Patentes, & Elle entend que l'Evocation qu'Elle a fait des procedures commencées tant contre le Curé & Vicaire de Verneuil que contre l'Evêque d'Evreux ait son entiere execution, & que vous cessiez toutes les procedures que vous avez commencées à cet égard. Elle défend à son Procureur-General & à tous autres chargés du ministere public de faire aucune Requisition & de donner aucune Conclusion sur cette affaire, & Elle enjoint à M. le Premier President ou à celui qui présideroit en son absence de tenir la main à l'execution de ses Ordres.

Le Roi a dit : ce que vous venez d'entendre est ma volonté, & je veux qu'elle soit exécutée & Régistrée sur vos Régistres.

Monsieur le Premier Président a répondu :

SIRE,

Je rendrai fidelement à votre Parlement les Ordres dont V. M. m'a fait l'honneur de me charger, penetré du respect le plus profond pour votre Personne Sacrée, il verra avec douleur la plus sensible qu'il a eu le malheur d'encourir votre disgrace.

S'il a agi contre un Prélat duquel on respecte le caractere, les Magistrats qui le composent ont cru y être forcés par la foi du serment qu'ils renouvellent chaque année pour le maintien des Ordonnances.

Daignez, SIRE, Nous vous en supplions avec les plus vives instances, daignez pour regler une matiere si importante à la Religion, à l'Etat & à votre propre Personne, nous adresser une Déclaration qui regle notre conduite à l'avenir, & qui arrête les progrès d'un mal presque devenu general. Nous employerons toute l'autorité dont vous nous avez fait dépositaires à la faire executer. Elle sera reçue dans votre Parlement avec d'autant plus d'empressement que nous sommes certains qu'elle sera dictée par la sagesse même & par la source de toute justice.